THESE

POUR LA LICENCE.

ACTE PUBLIC

POUR LA LICENCE,

EN EXÉCUTION DE L'ART. 4 DE LA LOI DU 22 VENTOSE AN 12,

SOUTENU

Par M. Vivier (Justin),

Né à Saint-Palais (Basses-Pyrénées).

JUS ROMANUM.

DIG. LIB. 44, TIT. VII.

INST. JUST. LIB. 3, TIT. XIX, § 9-10.

De personis quæ obligari possunt.

Quisque generaliter obligari potest : excipiuntur tamen hi quibus deficit animi judicium, et hi qui propter ætatis debilitatem, contrahendi

causâ, regulariter consentire nequeunt. Inter eos præsertim furiosum et pupillum connumerare debemus.

Furiosus, ait Gaius, comm, III, § 106, nullum gerere potest negotium, quia non intelligit quæ ait. Et nisi testamentum fecerit et quidquid aliud per lucidum aliquod furoris intervallum, quod rectè agitur, nullo modo sese obligare nisi obligationem parere potest. Quod manifestum est, et ex ejus animi infirmitate originem ducit. Non sic autem de prodigo qui sibi acquirere potest vel stipulando vel aliter contrahendo et qui tamen alios ergà se obligare potest. Quod de furioso diximus ad mente captum etiàm pertinet. Quod ad pupillos spectat, eorum ætas in tres gradus sive partes distinguitur. Alii enim infantes dicuntur, alii infantiæ proximi, alii tandem pubertati proximi.

1° Infans dicitur qui fari nequit; minor est septem anni. Quod si fari potest priusquàm septimum annum attigerit, tamen jure id facere non reputatur, quia non intelligit quod loquitur;

2° Infantiæ proximus appellatur qui septimum annum superavit et qui annum decimum et dimidium nondùm attigit;

3° Eum deniquè pubertati proximum esse existimatur qui annum decimum et dimidium excessit.

Pupillus generaliter quædam rectè agere potest, tutore auctore, quædam autem sine eo. In primo casu tàm se aliis quam alios sibi tantummodò obligat, conditionem suam meliorem faciendo.

Infans et infantiæ proximus non multùm à furioso distant, quia nullum habent intellectum et propterea nihil gerere, nec contrahendo obligari nec obligationem sibi acquirere possunt. Contrahentis voluntas concurrere debet cum voluntate alterius, itaque cum tutoris auctoritate jure contractum non consentire possunt, nàm tutor auget sed non supplet personam pupilli et ubi deficit voluntas ibi etiam consensus deficit.

Infans hæreditatem adire nequit, sed ei per possessionem acquirere licet dùm facto detentionis reali pupilli adjungatur animus tutoris et ab eo rei possedendæ detentio.

Sed generaliter ut suprà diximus, infans nullam obligationem contrahere potest ne naturalem quidem : actus obligationis in hoc casu adèo nullus est non ratus fieri possit.

Non sic autem per omnia de infantiæ proximo. Quibusdam enim in casibus et cùm necessarium esset, ei stipulari permissum erat. Quia stipulatio erat contractus formâ consistens et verbis et quia pupillus creditor fieret sed id non generaliter admittebatur, sed per necessitatem et per indulgentiam. Si pupillus in hoc casu servum haberet et si de acquirendo nomine ageretur, stipulatio per servum efficiebatur ex personâ domini, deficiente servo per ipsum infantiæ proximum.

Pubertati proximus majorem habet acquirendi facultatem, quia ei major intellectus et animi judicium. Absquè enim tutoris auctoritate sive stipulando, sive aliter contrahendo actus omnes, cujuscumque naturæ sint facere rectè potest qui finem habent illius conditionem meliorem efficiendo. Sed jure ejus auctoritate conditionem suam deteriorem facere nequit et verbi gratiâ nec alienare, nec hæreditatem adire generaliter, nec donationem accipere, quæ onerosæ esse possunt. Cum auctoritate tutoris contrahendi capax pupillus erat uti pubes, adjuvante curatore. Si pupillus conditionem deteriorem fecerat sine auctoritate obligatione tantùm naturali tenebatur; si contrà cum auctoritate læsionis reparationem persequi poterat, uti pubes restitutione in integrum.

Impuberes, qui sunt in potestate patris stipulari possunt sine patris auctoritate, sed non aliis obligari possunt, quamvis interveniat patris auctoritas. Nam pupillo competit actio tutelæ adversùs tutorem propter malum auctoritatis usum, sed filio adversùs patrem nulla competit actio quia filius sub patris potestate constituitur nec lis inter eos existere potest.

Constat verò ex rescripto Imp. Antonini: pupillum civiliter teneri in quantùm locupletior factus est.

Si absque auctoritate tutoris aliquid solverit, conditionem habet, id repetendi causâ, sive rei vindicationem.

CODE NAPOLÉON.

LIVRE III. TITRE III.

De l'effet des conventions, tant entre les parties qu'à l'égard des tiers.

CHAPITRE IV.

(Depuis l'article 1134 — 1267 inclusiv^t.).

Avant d'entrer en matière, il est nécessaire de donner une idée générale des obligations.

L'obligation est un *lien de droit*, qui nous astreint envers quelqu'un à *donner*, à *faire* ou à *ne pas faire*.

Donner, dans le sens technique de ce mot *dare*, c'est transférer la propriété. On oppose cette expression *præstare*, qui signifie prouver, livrer, faire avoir à tout autre titre que celui de propriétaire. L'art. 1101 emploie ce terme dans sa plus large acception. Quant aux mots *faire* et *ne pas faire* il nous est facile de concevoir une obligation qui aura pour objet l'abstention, tout aussi bien qu'un fait.

Les obligations naissent d'un *fait de l'homme ou de la loi*, ce fait de l'homme peut être licite ou illicite. S'il est *licite*, c'est un *contrat* ou un *quasi contrat*; s'il est *illicite*, c'est un *délit* ou un *quasi délit*. Il y a donc cinq sources d'obligations: 1° Les *contrats ou conventions*; 2° les *quasi contrats*; 3° les *délits*; 4° les *quasi délits*; 5° la *loi*. Cela posé, donnons une

— 8 —

définition du contrat, qui d'après l'art. 1101, est une espèce de *convention*, et nous arrivons ainsi au sujet que nous devons traiter.

« La *convention*, disait Pothier, *est le consentement de deux ou plusieurs personnes, pour former entre-elles quelque engagement ou pour en résoudre un précédent.* » Mais la convention peut avoir en outre pour effet immédiat de transférer la propriété.

Ainsi, les conventions dans notre droit sont : ou 1° *créatrices*, ou 2° *extinctives d'obligations*, ou 3° *translatives* de propriété.

Après avoir énuméré et défini les principaux contrats, la loi s'occupe de déterminer quelles sont les conditions exigées pour la validité des contrats en général. Ces conditions observées, voyons quel est l'effet qu'elles produisent.

SECTION PREMIÈRE.

De l'effet des conventions.

C'est à tort, dit M. Duranton (t. x, n° 379 — 380), que le chapitre iii du Code, porte la rubrique : De l'effet des obligations ; elle eût été plus exacte, si l'on eût dit : *Des effets des obligations et des conventions.*

Toute convention, du moment qu'elle est légalement formée, lie les parties contractantes comme le ferait la loi même.

Mais il ne faut pas croire pour cela, que les conventions soient des lois proprement dites : par conséquent la mauvaise interprétation d'une convention ne peut donner ouverture à cassation.

Les conventions ne peuvent se dissoudre que par le concours des mêmes volontés qui les ont formées. Elles n'obligent pas seulement les parties contractantes à ce qui est exprimé dans l'acte, mais encore à toutes les suites, que la loi, l'équité, l'usage donnent à la convention d'après sa nature. De plus, elles doivent être exécutées de bonne foi. Nous n'avons pas en effet chez nous, comme autrefois à Rome, des contrats de *bonne foi* et des contrats de *droit strict*. C'est pour cela, comme nous le verrons plus loin dans l'interprétation des conventions, qu'il est ordonné, non-seulement d'é-

claircir les clauses, mais encore de les compléter et de les suppléer, soit
par les règles de l'équité, soit d'après l'usage des lieux.

SECTION DEUXIÈME.

De l'obligation de donner et de livrer une chose.

Cette obligation, pour devenir parfaite, n'a besoin que du *consentement*
des parties, la tradition n'est pas nécessaire comme en droit romain. L'obligation de *livrer* emporte l'obligation de *conserver* la chose qu'elle a pour
objet. Mais ici se présente une double question : quels sont les soins que
doit apporter le débiteur pour la conservation de la chose ? Quelles fautes
engagent sa responsabilité ? Pour y répondre, nous admettrons la distinc-
tion faite par Pothier au sujet des fautes. Il distinguait trois sortes de fautes : 1° La *faute grave*, qui avait lieu lorsque l'obligé n'avait pas apporté
à la conservation de la chose sa vigilance accoutumée; 2° la *faute légère*,
celle que ne commet pas un bon père de famille ou un administrateur soi-
gneux et diligent; 3° La *faute très-légère*, celle que ne commet pas un père
de famille quand il est très-habile et très-diligent.

C'est à la seconde des trois fautes indiquées, que la loi s'arrête aujour-
d'hui. Du reste, l'application en appartient au juge, qui, pour prononcer
une décision, consulte souvent les circonstances.

Le créancier devient propriétaire de la chose qui doit lui être livrée, dès
que l'obligation est contractée, encore que la tradition n'en ait pas été
faite.

La chose est à *ses risques* dès ce moment (1138). Mais si le débiteur ne
donne pas à l'époque convenue la chose promise, il est alors mis en demeure (*in morâ*) et la chose cesse d'être aux risques et périls du créancier.

Le débiteur, disons-nous, est déclaré en demeure dès qu'il a laissé passer
les délais fixés pour remplir ses engagements, pour livrer la chose, dans
le cas que nous examinons.

2

Passons à la convention de livrer, qui a pour objet des immeubles et des meubles : 1° Cette convention sera opposable aux tiers, dès qu'il y aura transcription, si c'est une aliénation à *titre gratuit*; si elle est à *titre onéreux*, la convention transfère sans transcription ni tradition une propriété opposable aux tiers. Pour un meuble incorporel, c'est-à-dire vente ou donation d'une créance, la convention ne donne qu'une propriété relative; elle devient absolue, dès que la cession est publique, soit par la signification au débiteur cédé, soit par ce dernier au moyen de la signification de l'acccceptation authentique de la cession ;

2° Pour un meuble corporel, la convention transfère une propriété absolue, opposable à tout tiers qui ne veut invoquer la maxime : en *fait de meubles, la possession vaut titre.*

SECTION TROISIÈME.

Des obligations de faire et de ne pas faire.

La loi donne au créancier, pour contraindre le débiteur à exécuter son engagement, des moyens de coercition, qui sont coutenues dans les articles 1142, 1143, 1144, 1145. Ces articles se taisent sur les moyens de coercition en ce qui touche les obligations de livrer. Nous tâcherons, cependant, d'en dire quelques mots.

Les moyens légaux de coercition sont :

1° L'intervention de la justice ou de la force publique qui procure au créancier la réalisation de l'obligation.

2° La condamnation aux dommages et intérêts; quelquefois les deux moyens cumulativement.

Nous allons appliquer ces règles à l'égard des obligations de livrer et des obligations de faire et de ne pas faire.

1° Quand il s'agit de l'obligation de livrer un *corps certain.* Le créancier revendique la chose, il peut se faire autoriser par le tribunal à se la faire restituer *manu militari.* Soit qu'il ne veuille pas recourir à cette voie d'exécution, soit que cette voie lui soit impossible, si, par exemple, l'objet a été caché ; dans ces deux cas, le créancier peut demander un jugement qui condamne le débiteur à des dommages et intérêts. Le créancier ne pourra cependant jamais se faire autoriser à se faire livrer la chose aux dépens du débiteur.

2° Si l'obligation a pour objet une chose qui n'est déterminée qu'individuellement, le créancier n'aura, dans ce cas, aucun moyen direct de faire exécuter l'obligation, il ne lui restera d'autre voie que les dommages et intérêts.

Un jugement qui *ordonnerait de faire quelque chose*, et ne prononcerait pas de dommages et intérêts en cas d'inexécution de l'obligation, serait sujet à cassation.

L'article 1142 nous dit : que toute obligation de faire ou de ne pas faire, se résout en dommages et intérêts en cas d'inexécution de l'obligation. Cependant, il est loisible au créancier de réaliser l'obligation, si cela est possible. La réalisation sera possible, et le créancier pourra s'y faire autoriser aux dépens du débiteur, toutes les fois que le fait promis sera susceptible d'être exécuté par une autre personne. Ainsi, par exemple, s'il s'agit de la démolition d'un mur, le créancier se fera autoriser en justice pour la démolition du mur, à prendre des ouvriers aux frais du débiteur. La réalisation de l'obligation sera impossible dans les cas suivants : 1° lorsque le fait, objet de l'obligation, ne peut être exécuté utilement pour le créancier que par le débiteur lui-même ; 2° lorsque cette exécution ne peut avoir lieu qu'à la condition d'exercer des violences physiques.

S'il s'agit de *l'obligation de ne pas faire*, le seul fait de la contravention rend le débiteur passible des dommages et intérêts. Dans ce cas, le créancier a le droit de demander que l'acte effectué en contravention soit détruit, sans préjudice des dommages et intérêts (1143.)

SECTION QUATRIÈME.

Des dommages et intérêts résultant des conventions.

Subdivisant cette section, nous examinerons, dans quatre paragraphes différents :

1º Les causes et conditions qui produisent les dommages et intérêts ;

2º La fixation de dommages et intérêts ;

3º Les dommages et intérêts, à l'égard des obligations purement pécuniaires.

4º La prohibition de l'anatocisme.

§. I.

Les causes qui produisent les dommages et intérêts sont : 1º La *mise en demeure* du débiteur ; 2º *sa faute.*

Nous avons vu plus haut ce qu'on entendait par la *mise en demeure.* Voyons dans quels cas elle a lieu :

1º Quand l'obligation est de *ne pas faire*, le débiteur est mis en demeure dès qu'il accomplit le fait qui lui était interdit ; 2º quand l'obligation est de *faire* ou de *donner* et qu'elle est de nature à n'être exécutée que dans un certain délai, le débiteur est en demeure dès qu'il a laissé passer ce délai, sans remplir l'engagement (1146).

3º La mise en demeure aura encore lieu, à la seule échéance du terme, dans toute obligation de livrer et de faire. Dans les autres obligations, le débiteur n'est mis en demeure qu'après une interpellation faite par le créancier, par une sommation ou un acte équivalent (1139). Dans les obligations de *sommes d'argent*, il y a encore plus de latitude. La mise en demeure ne naît *généralement* que du jour de la demande en justice, ou du moins de la citation en conciliation, suivie de cette demande dans le mois, à compter du jour de la non-conciliation des parties, ou de la non-comparution (1153).

Les dommages et intérêts peuvent être produits *par la faute* du débiteur de deux manières : 1° par l'inexécution de l'obligation ; 2° à raison du retard dans l'exécution. Mais nous trouvons dans la seconde partie de l'art. 1147 et l'art. 1148 des exceptions à ces deux cas ; les voici : 1° quand le débiteur prouve que l'inexécution est le résultat d'une cause étrangère qui ne peut pas lui être imputée ; 2° bien plus, si l'obligation n'a pas été exécutée par suite d'une force majeure ou d'un cas fortuit.

§ II.

On entend par *dommages et intérêts*, non-seulement la réparation de la perte causée au créancier ; mais encore la privation de bénéfice qu'il a subi (art. 1149). Les dommages et intérêts ne sont pas évalués de la même manière dans toutes les obligations. Ils s'évaluent dans les obligations dont l'objet n'est pas une somme d'argent, d'après le préjudice causé. Il faut examiner pour cette fixation s'il y a eu ou *non* dol de la part du débiteur.

Si l'inexécution de la convention ne résulte pas du dol du débiteur, il ne doit que les pertes qu'on a du raisonnablement prévoir lors du contrat.

Si, au contraire, le débiteur est coupable de dol, il devra toutes les pertes par lui causées ; c'est-à-dire celles qui résultent directement de l'inexécution (art. 1150, 1151).

Quelquefois les parties contractantes stipulent elles-mêmes le montant des dommages et intérêts ; cette somme ne pourra être ni augmentée ni diminuée. La clause pénale pourra avoir pour objet autre chose qu'une somme d'argent.

§ III.

Les dommages et intérêts dans les obligations *purement pécuniaires*, n'ont pas pour but, comme les obligations que nous venons de voir, de réparer le tort causé par l'inexécution ou une inexécution incomplète, mais seulement celui qui résulterait du retard d'exécuter. Il est facile d'en voir la raison : puisqu'en effet le débiteur ne peut payer la somme qui fait l'objet de son obligation, à plus forte raison ne pourra-t-il pas la payer à titre de dommages et intérêts. Dans ce cas, les dommages et intérêts consistent dans une nouvelle somme venant s'ajouter à la somme principale pour réparer le préjudice causé par le retard du paiement. Une autre différence est que le montant est toujours fixe, sans distinction de dol. Cette somme sera l'intérêt légal, c'est-à-dire 5 p. 0|0 en matière civile, et 6 p. 0|0 en matière commerciale. Ces intérêts prennent le nom d'intérêts *moratoires* (mora).

§ IV.

On appelle *anatocisme*, l'intérêt des intérêts produits par un capital, et qui à leur tour sont capitalisés.

L'intérêt des intérêts, lorsqu'il s'agit de le stipuler d'avance et pour *des intérêts à échoir postérieurement*, a été de tout temps défendu, tant par le droit romain que par le droit français.

Quand il s'agit de l'intérêt *d'intérêts actuellement échus*, la loi permet aujourd'hui les intérêts dûs pour une année de jouissance du capital. Cet intérêt ne pourra courir que du moment où l'on en fera l'objet d'une *demande en justice* ou d'une convention formelle. (Art. 1154.)

Cette règle ne s'applique ni aux restitutions de fruits, ni aux loyers de fermes ou maisons, ni aux arrérages de rentes perpétuelles ou viagères, ni aux intérêts payés par un tiers au créancier en acquit du débiteur.

SECTION CINQUIÈME.

Des effets des conventions à l'égard des tiers.

En règle générale, une convention n'a d'effet qu'entre les parties contractantes : elle ne peut nuire ni profiter aux tiers.

On entend par *parties contractantes*, non-seulement ceux qui par eux-

.mêmes ont figuré dans le contrat, mais encore les personnes qui les ont représenté.

Cependant, d'après le principe que les biens d'un débiteur sont le gage commun de ses créanciers, ceux-ci sont intéressés à toutes les obligations que pourra contracter le débiteur.

Nous voyons, d'après les dispositions des art. 1166-1167, que le créancier a la double faculté :

1° D'exercer les droits et actions de ses débiteurs ;

2° De faire révoquer les actes faits en fraude de ses droits.

§ I.

Le créancier peut donc exercer des *droits et actions* au nom de son débiteur. Il faut comprendre dans cette dénomination tous les biens corporels et incorporels du débiteur. C'est par la voie de la *subrogation judiciaire* que doit agir le créancier ; mais pour qu'il le puisse valablement, il faut que le débiteur *soit constitué en demeure.*

Tous les créanciers, soit *antérieurs*, soit *postérieurs*, ont le même droit ; car, comme nous le disions plus haut, tous les biens présents et à venir sont le gage commun des créanciers. (Art. 2092-2093.) Ils pourront exercer leurs droits individuellement, même en cas de faillite et de cession de biens.

La seconde partie de l'art. 1166 modifie les dispositions contenues dans sa première partie : « Les créanciers, nous dit cet article, peuvent exercer tous les droits et actions de leur débiteur, *sauf ceux qui seront exclusivement attachés à sa personne.* » Ces droits ne peuvent être exercés à cause de leur caractère moral. Par exemple, les droits d'une donation révoquée pour cause d'ingratitude.

§ II.

Action Paulienne. — Cette action, usitée en droit romain, était accordée par le préteur au créancier, pour attaquer les actes faits par le débiteur en fraude de ses droits. (Inst. Just. Liv. IV Tit. V § 6.)

Deux conditions sont nécessaires pour l'exercice de cette action : 1° préjudice causé au créancier ; 2° intention frauduleuse du débiteur. — Un mot auparavant sur le *bénéfice de discussion* accordé au défendeur de l'action Paulienne. Par cette exception, la loi lui accorde le droit de proposer au créancier de faire saisir et vendre tous ses biens, et si l'argent provenant de cette vente ne suffit pas pour le paiement de l'obligation, de l'autoriser à exercer son action.

Cette *action révocatoire*, appartient, il est vrai, au créancier, mais pour avoir le droit de l'exercer, il faut, avons nous dit, qu'il prouve qu'il y a eu de la part du débiteur *préjudice* et *fraude*.

1° Il y aura *préjudice*, lorsque l'acte dont le créancier demande la révocation aura fait naître ou bien augmenter l'insolvabilité du débiteur. Si les biens vendus ne suffisent pas pour dédommager les créanciers, le préjudice sera alors réellement établi.

2° Il y aura *fraude*, lorsque le débiteur aura commis un acte qu'il savait devoir porter au créancier un notable dommage. Cet acte sera inattaquable si le débiteur, dans l'ignorance de l'état de ses affaires, ne savait pas qu'il se mettrait, en l'accomplissant, dans l'impossibilité de payer ses dettes. Le créancier aura, pour prouver l'existence de la fraude, l'exhibition d'écrits émanant du débiteur, ou bien même l'aveu de ce dernier.

Les seules personnes qui peuvent exercer l'*action Paulienne*, sont : les *créanciers antérieurs* à l'acte attaqué ; les *créanciers postérieurs* ayant suivi l'insolvabilité du débiteur. Les créanciers peuvent agir *collectivement* ou *individuellement*.

L'action révocatoire pourra être exercée par les créanciers pour les actes à *titre onéreux* et les acquisitions à *titre gratuit*, même quand ils seraient de bonne foi, contre les héritiers et les successeurs universels.

En droit romain, l'action Paulienne ne durait qu'une année ; l'article 1170 n'ayant pas fixé de délai, nous pensons qu'il faut s'en référer à l'article 1304, qui fixe à *dix ans* les actions en nullité ou rescision. Le délai, lorsqu'il s'agit de *fraude*, ne commence à courir que du jour où cette fraude a été découverte. (Dur. n° 585, Toul. n° 356.)

SECTION SIXIÈME.

Règles sur l'interprétation des conventions.

On pourrait réduire à un principe unique l'interprétation des conventions, à savoir : qu'il faut rechercher par tous les moyens possibles quelle a été la commune intention des parties contractantes, plutôt que de s'arrêter au sens littéral des mots. Ainsi, il faut combiner les diverses clauses de la convention. Si générales que soient les expressions employées par les parties, on ne devra les appliquer qu'aux objets sur lesquels les parties ont entendu contracter. Dans le doute, la convention doit s'interpréter contre le stipulant, par conséquent en faveur de celui qui a contracté l'obligation d'après la maxime : *Actori incumbit probatio.*

Si les deux sens dont la clause est susceptible peuvent également produire des effets, on doit s'attacher à celui qui convient le mieux à la nature de la convention.

« Les principes de l'équité, dit Marcadet, les règles tracées par la loi pour la convention dont il s'agit, ou pour la convention la plus analogue, l'usage du pays et les circonstances particulières dans lesquelles les parties ont traité, doivent être consultées pour éclaircir ou même compléter la pensée des contractants. »

CODE DE COMMERCE.

LIVRE 1. — TITRE 2.

Des livres de commerce.

La loi impose aux commerçants l'obligation formelle de tenir des livres de commerce. Leurs opérations sont si multiples, en effet, qu'il leur serait bientôt impossible de s'en rendre compte s'ils ne prenaient le soin de les consigner par écrit.

But de la loi.

Le but principal de loi, en rendant ces livres obligatoires, a été d'avoir toujours un témoin de la bonne ou de la mauvaise conduite des commmerçants; témoin qui puisse les avertir eux mêmes en temps utile, en mettant journellement sous leurs yeux, l'état de leurs affaires, ou de leur fortune. Les livres de commerce sont aussi nécessaires pour les liquidations, pour les règlements de compte. En cas de faillite, il sont d'une grande utilité aux créanciers pour les divers arrangements qu'ils jugent convenables de faire.

Diverses espèces de livres de commerce.

Il existe trois sortes de livres indispensables aux commerçants :
1° Le livre journal ;
2° Le livre de copie de lettres ;
3° Le livre des inventaires.

Le *livre journal* est l'expression jour par jour de l'actif et du passif. On doit y mentionner toutes les opérations du commerçant, soit commerciales, soit particulières, même les dépenses du ménage.

Le *livre de copie de lettres* doit contenir toutes les lettres reçues ou envoyées par le commerçant, dans l'année, et par ordre de date.

Le *livre des inventaires* contient l'inventaire que doit dresser chaque année le commerçant de ses effets mobiliers et immobiliers, de ses dettes actives et passives. La loi a exigé le visa d'un magistrat, pour le livre journal et pour le livre des inventaires; et c'est avec raison.

En effet, le négociant qui se trouverait dans de mauvaises affaires et se résoudrait, par suite, à se déclarer en faillite, ne pourrait-il pas faire faire d'avance un nouveau livre journal, et tromper ainsi ses créanciers ? ne pourrait-il pas aussi falsifier le livre des inventaires en ne présentant pas le véritable état des affaires ?

Le but du visa est donc de protéger les parties intéressées contre les fraudes des commerçants.

Le livre de copie de lettres, au contraire, n'a nul besoin d'être visé et paraphé. La raison de cette disposition de la loi est, qu'aucun inconvénient ne résulte de l'absence de cette formalité. Comment supposer en effet, que le commerçant osera faire des changements, commettre des fautes, quand on pourrait lui représenter les originaux pour le convaincre de falsification.

Outre ces trois livres principaux, les commerçants tiennent encore des livres dont ils pourraient se passer, et qu'on appelle pour ce motif: *livres auxiliaires.* Ces livres sont :

1° Le *grand livre,* qui présente, par ordre alphabétique, le nom de toutes les personnes qui ont traité avec le commerçant, et le genre d'affaires;

2° Le *livre de caisse,* contenant les sommes mises dans la caisse, et celles qui en sont retirées chaque jour ;

3° Le *livre d'échéances,* contenant l'indication du jour où tel billet émis par le commerçant doit tomber en échéance, et le jour auquel tel billet, qui est au pouvoir du négociant, doit être payé. Quelques commerçants tiennent encore *un livre des achats et ventes* et un livre de débit et crédit.

Ces livres auxiliaires ne doivent pas être tenus d'une manière aussi rigoureuse que les trois premiers, qui doivent, d'après l'art. 10 du Code de commerce, être tenus par *ordre de date, sans blancs, lacunes, ni transports en marge.*

Sanction de la loi.

Le but de la loi n'aurait pas été atteint, si elle avait laissé sans aucune sanction les dispositions relatives à la tenue des livres de commerce. Aussi l'art. 585, Cod. de commerce, considère-t-il comme banqueroutier simple, tout commerçant qui n'a pas fait inventaire, ou dont les livres n'offrent pas le véritable état de situation active ou passive sans néanmoins qu'il y ait fraude; et l'art. 591 même Code, comme banqueroutier frauduleux, tout commerçant failli, qui aurait soustrait des livres, qui aurait fait des surcharges, changements, etc., en un mot qui se serait rendu coupable de faux.

Autorité des livres de commerce.

L'autorité des livres de commerce est absolue entre commerçants. Le juge cependant n'est pas rigoureusement tenu de s'y conformer, puisque le Code de commerce nous dit (art. 12) que ces livres peuvent être admis par le juge, pour faire preuve entre commerçants, pour faits de commerce.

Le commerçant qui invoque l'autorité des livres de commerce, ne peut les diviser; et s'ils font foi en sa faveur, ils feront foi aussi contre lui. Ces livres, lorsqu'ils ont été régulièrement tenus, doivent donc être acceptés en entier; dans le cas contraire, ils ne font foi que contre celui qui les produit.

Si l'autorité des livres de commerce est absolue entre commerçants, il n'en est pas de même quand il s'agit de personnes non marchandes (art. 1329, Cod. Nap.) et il est de toute justice, que la loi ne permette pas au commerçant d'obliger envers lui qui bon lui semble, par la seule inscription sur des registres d'une dette imaginaire.

Certains auteurs, se fondant sur la disposition finale de l'art. 1329, « *sauf ce qui sera dit à l'égard du serment* », ont prétendu, que si le particulier niait le contenu des livres de commerce, il fallait déférer le serment au commerçant, et condamner ensuite définitivement l'une ou l'autre des parties.

Mais cette opinion n'est pas fondée. D'abord en ce sens, que ce n'est jamais la personne qui présente la preuve de l'existence d'une dette, mais bien celle qui la nie, à laquelle on doit déférer le serment. Si donc le commerçant présente ses registres pour faire foi d'une dette qu'il prétend exister, et qui est niée par un particulier, c'est celui-ci qui doit prêter le serment. Ensuite, comment pourrait-on admettre cette opinion pour les sommes s'élevant au-dessus de 150 fr., pour lesquelles la preuve testimoniale n'est pas admise, sans renverser l'esprit de la loi relative à la preuve testimoniale des obligations.

D'autres auteurs encore ont prétendu que les livres de commerce pouvaient servir entre commerçants et particuliers comme commencement de preuves par écrit. Mais l'équité peut-elle le permettre? peut-elle vouloir que, parce qu'on possèdera des registres, on puisse se créer des commencements de preuves par écrit? Non, cela constituerait une fraude; la loi doit le défendre.

Nous devons donc conclure : que les livres de commerce font foi absolue entre commerçants, mais qu'ils ne font pas foi entre les simples particuliers, pour les obligations qu'ils renferment.

Les commerçants doivent, d'après l'art. 11 du Code de commerce, conserver leurs livres pendant dix ans, afin de pouvoir les présenter au besoin. Ces dix ans écoulés, si le commerçant n'a plus de livres, et qu'on les lui réclame, il peut opposer la prescription.

Les livres de commerce ne sont pas publics. Le commerçant n'est tenu de les produire que dans les contestations qui l'intéressent. Dans ce cas, il faut distinguer la *communication* de la *représentation*. La *représentation* est la production des livres de commerce pour la partie dont il s'agit et sur laquelle s'est élevée une difficulté; sans néanmoins que l'on puisse examiner en détail tout ce qu'ils renferment. La *communication*, au contraire, est la production des livres dans tout leur contenu. Aussi n'est-ce que dans le cas d'une grande importance, comme par exemple : pour des affaires de succession, de communauté, de partage de société ou de faillite (art. 14), que ce mode de reproduire les livres de commerce peut être ordonné.

Il faut remarquer, en terminant, que les livres de commerce ne font pas foi jusqu'à inscription de faux, que toujours la preuve contraire est admise, et que la loi laisse aux juges la plus large appréciation.

DROIT ADMINISTRATIF.

Développer les attributions du pouvoir exécutif pur en ce qui concerne les règlements généraux d'ordre, de police et de sûreté publique, et les instructions et correspondances officielles.

Le pouvoir exécutif est la portion de la puissance publique qui constitue le Gouvernement et dirige la marche de l'Etat. Il se divise en *pouvoir exécutif pur* et *administration active*. Le pouvoir exécutif pur constitue l'action gouvernementale ; l'administration active protége les intérêts généraux de la société, en surveillant l'action de chaque citoyen. Mais nous ne devons nous occuper ici que du pouvoir exécutif pur.

Nous voyons dans l'art. 6 de la Constitution de 1852, les attributions du pouvoir exécutif : « Il commande les forces de terre et de mer, dé- » clare la guerre, fait les traités de paix, d'alliance et de commerce, » nomme à tous les emplois, fait les *règlements et décrets* nécessaires pour » l'exécution des lois. » — La même Constitution, dans ses art. 8 et 9, confère au pouvoir exécutif l'initiative des lois et le droit de faire grâce.

On divise en quatre classes les actes administratifs qui se rapportent à la prérogative du chef de l'Etat :

1° Règlements d'administration publique ;

2° Décrets rendus dans la forme des règlements d'administration publique ;

3° Décrets simples, rendus sur le rapport d'un ministre ;

4° Décrets rendus au contentieux.

Nous n'examinerons principalement que les deux premières classes, puisque ce sont les seules qui rentrent dans le cadre qui nous a été tracé.

§ 1. — *Des règlements d'administration publique.*

Les *règlements d'administration publique* sont rendus, le *conseil d'Etat entendu.* Ils sont ordinairement insérés au *Bulletin des Lois.* Il n'existe pas de règles précises qui les fassent distinguer des lois proprement dites. Les règlements, a dit *Portalis l'ancien*, sont des *actes de magistrature*, et les lois des *actes de souveraineté.*

§ 2. — *Décrets rendus dans la forme des règlements, etc.*

Les *décrets rendus dans la forme des règlements d'administration publique*, n'ont pas, comme les règlements d'administration publique, un caractère de généralité; ils pourvoient à des détails d'exécution. Ce sont d'ailleurs décrets spéciaux rendus, comme les précédents, le conseil d'Etat entendu. Ils statuent, par exemple, sur les sociétés anonymes. (Art. 37.)

Le pouvoir législatif délègue quelquefois au pouvoir exécutif le droit de compléter la loi par des règlements d'administration publique. C'est ainsi qu'il appartient au chef de l'Etat de régler par arrêtés l'élargissement, le redressement des rues de Paris, d'arrêter, en conseil d'Etat, les plans d'alignement des villes, d'autoriser et de régler l'ouverture et la largeur des nouvelles rues dans les villes, et de s'entendre avec les Gouvernements pour régler les mesures qui concernent l'extradition et tout ce qui a trait au régime postal. Il peut prendre des arrêtés pour ce qui concerne la vente des tabacs, les chemins de fer, etc.

En un mot, « c'est au pouvoir exécutif, dit M. Chauveau, à veiller à notre sécurité, à l'ordre, à la salubrité publique, à faire exécuter les lois, à pourvoir enfin à tout ce que la loi n'aura pas prévu, si le salut de l'Etat l'exige. »

Les principaux agents du pouvoir exécutif pur sont : 1° les Ministres ; 2° les Préfets ; 3° les Maires. — Nous allons énumérer une partie de leurs attributions relativement à la question que nous traitons.

1° Des Ministres.

Considéré comme administrateur, le ministre fait en cette qualité : 1° des règlements ; 2° des instructions ou circulaires ; 3° et prend des décisions.

1° Les règlements peuvent intervenir, soit en vertu des lois, soit en vertu des pouvoirs renfermés dans les attributions générales des ministres. Il est essentiel de les distinguer des règlements d'administration publique, qui ne peuvent émaner que du pouvoir exécutif pur, et d'après une délégation du pouvoir législatif. Ordinairement ces règlements ministériels contiennent des détails que la loi n'a pu donner ; ils ont d'ailleurs toute autorité.

Ces règlements ont, comme les lois, un caractère de généralité.

2° Quant aux instructions et circulaires, nous traiterons cette partie plus loin.

3° Les décisions ont un caractère de spécialité ; c'est ce qui les distingue des règlements. Il y a décision, quand le ministre refuse ou accorde dans une affaire purement discrétionnaire. Par exemple, une décision qui statuerait sur une demande en autorisation pour établir un nouveau théâtre à Paris. C'est sous forme de lettres missives que se rendent ces décisions.

En résumé, ils délibèrent sur la direction politique à suivre à l'intérieur et à l'extérieur, sur tout ce qui tient à la sûreté de la nation, à la législation, à l'administration et à la police. (Loi du 17 avril, 21 mai 1791.)

2° *Des Préfets.*

Le premier fonctionnaire d'un département est le préfet. Chargé de l'administration locale, il a le droit de prendre des *arrêtés*, que les administrés doivent observer, et dont les tribunaux puniront la violation. Il ne peut prendre des arrêtés qu'en exécution des lois et des règlements.

Les actes du préfet peuvent recevoir différentes formes. Au moyen d'*arrêtés*, il nomme ou suspend les fonctionnaires placés sous ses ordres. Il prend également des arrêtés pour régler les intérêts de ses administrés.

L'autorité du préfet, dit Cotelle, a le caractère du commandement sur les choses et sur les personnes, lorsqu'il prend des arrêtés pour l'exécution des lois ; par exemple, concernant les opérations au recrutement de l'armée, ou à la police des grandes routes ou chemins. Il doit donner les alignements dans les rues des villes, villages, bourgs, qui servent de grandes routes ; fixer encore l'alignement des chemins de hallage, et déclarer si une rivière est navigable ou flottable. Il peut prendre toutes les mesures de surveillance, de police et d'administration, qui peuvent intéresser l'ordre public.

Le décret du 25 mars 1852, sur la décentralisation administrative, a augmenté les attributions des préfets, en leur concédant le droit de faire des actes, qui, auparavant, étaient dans les prérogatives du chef du Gouvernement, exemple : usine de première classe.

3° *Des Maires.*

Le troisième degré de la hiérarchie administrative, le dernier anneau de la chaîne des pouvoirs dans chaque commune, c'est le maire. Le vénérable Henrion de Pansey a dit que l'édifice social reposait sur les municipalités.

Comme *chef* et *administrateur* de la commune, le maire a des pouvoirs assez étendus. Il a le droit propre et personnel d'agir dans l'intérêt de tous ceux qu'il administre. (Loi de décembre 1789.)

Comme *magistrat*, il exerce des fonctions de police. Les attributions en cette matière sont fixées par l'art. 11 de la loi du 18 juillet 1837, ainsi conçu :

« Il peut prendre des arrêtés à l'effet d'ordonner des mesures locales sur les objets confiés, par la loi, à sa vigilance et à son autorité. Il peut également publier de nouveau les lois et règlements de police et rappeler les citoyens à leur observation, mais toutefois sans y rien ajouter. »

Ainsi, il doit maintenir l'ordre dans la cité, veiller à la sûreté, à la propreté et à la commodité de la voie publique, ce qui comprend le nettoiement, l'éclairage, l'exposition sur les fenêtres d'objets dangereux, les foires, marchés, spectacles, la salubrité des comestibles, la taxe du pain, le titre des matières d'or et d'argent, etc.

Instructions et correspondances officielles.

Dans l'ordre administratif, l'agent inférieur doit obéissance à l'agent supérieur. De là, la nécessité fréquente pour les agents supérieurs d'éclairer leurs subordonnés par des instructions et circulaires. C'est ainsi que les ministres et les préfets adressent des circulaires, dans lesquelles ils développent les ordres qu'exige une circonstance grave, pour donner des explications sur le sens d'une loi ou d'un règlement. Ces instructions, qui quelquefois peuvent être individuelles, supposent, dit *Macarel*, une pensée réfléchie et une certaine étendue d'action à laquelle il s'agit d'imprimer un mouvement. — Elles ont toujours la forme de lettres missives, et n'en diffèrent que par leur étendue et la méthode apportée dans leur rédaction et leurs développements.

Ces lettres, ces circulaires, ces instructions, dit M. Chauveau, adressées par les agents supérieurs de l'administration à leurs subordonnés, sont des actes du pouvoir exécutif pur, et ne peuvent être ni critiquées, ni attaquées par les citoyens.

Elles ne sauraient lier les tribunaux, puisqu'elles ne sont que l'expression particulière du ministre. (C. cass. 11 janvier 1816.) Les circulaires ministérielles ne doivent être rendues publiques que lorsque le ministre en autorise la publication, et ce genre de correspondance est considéré comme confidentiel. (Circ. min. 11 février 1816.

Ces instructions, pour appartenir au pouvoir exécutif pur, doivent avoir le caractère de généralité.

Vu par le Président de la Thèse ;

DUFOUR.

Cette thèse sera soutenue le 9 août 1854, dans une des salles de la Faculté de Droit de Toulouse.

Toulouse, imprimerie de CALMETTES et Cⁱᵉ., rue des Balances, 43.

www.ingramcontent.com/pod-product-compliance
Ingram Content Group UK Ltd.
Pitfield, Milton Keynes, MK11 3LW, UK
UKHW022237070726
13613UKWH00004B/1991